The Best OLSAT® Book

The Only OLSAT® Test Prep Book Written by a Board Certified Pediatrician

Edward Kulich M.D. F.A.A.P

Inquiries regarding bulk orders for schools or other organizations
should be directed to KidsHousecalls@gmail.com.
Visit us online at www.OLSATBook.com

Point to the choice that does not belong.

1.

○   ○   ○   ○   ○

2.

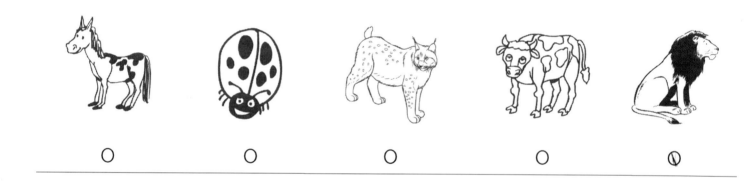

○   ○   ○   ○   ○

3.

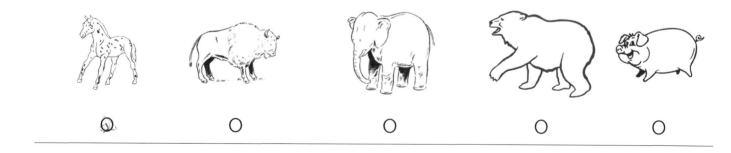

○   ○   ○   ○   ○

Point to the choice that does not belong.

4.

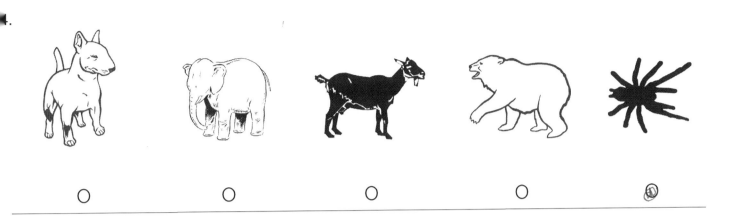

    O   O   O   O   O

5.

    O   O   O   O   O

6.

    O   O   O   O   O

Point to the choice that does not belong.

7.

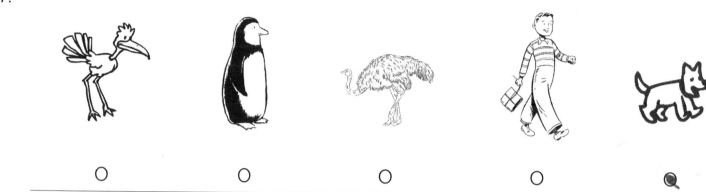

   ○   ○   ○   ○   ●

8.

   ○   ○   ●   ○   ○

9.

   ○   ●   ○   ○   ○

Point to the choice that does not belong.

0.

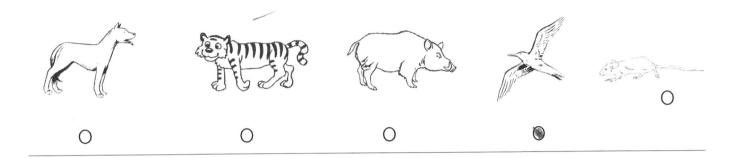

1.

2.

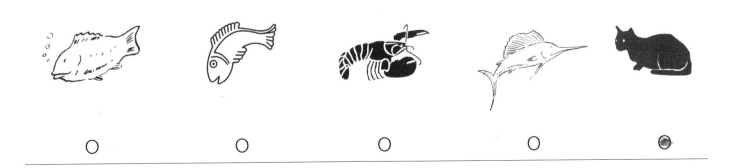

Point to the choice that does not belong.

13.

○   ○   ○   ●   ○

14.

●   ○   ○   ○   ○

15.

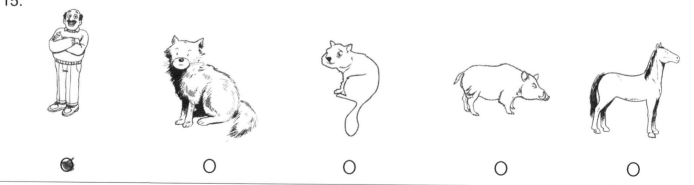

●   ○   ○   ○   ○

Point to the choice that does not belong.

6.

○　　　○　　　●　　　○　　　○

7.

○　　　○　　　○　　　●　　　○

8.

●　　　○　　　○　　　○　　　○

Point to the choice that does not belong.

19.

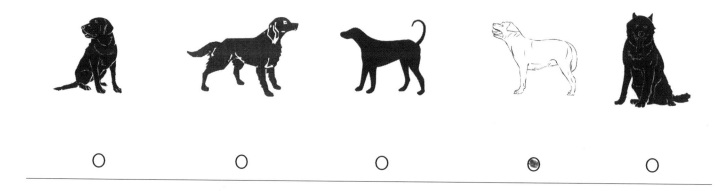

    ○   ○   ○   ●   ○

20.

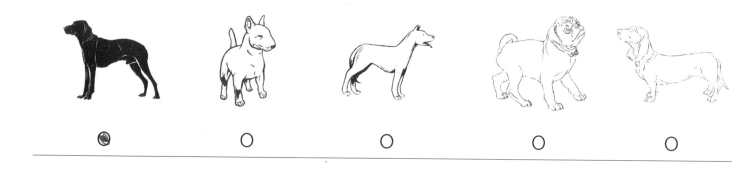

    ●   ○   ○   ○   ○

21.

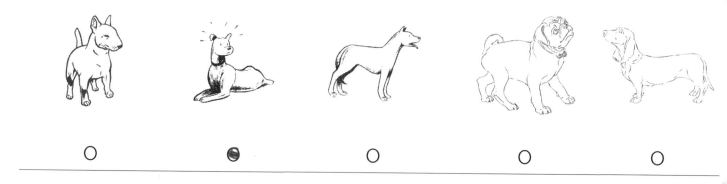

    ○   ●   ○   ○   ○

Point to the choice that does not belong.

22.

○   ○   ○   ○   ○

23.

○   ○   ○   ○   ○

24.

○   ○   ○   ○   ○

Point to the choice that does not belong.

25.

○   ○   ○   ○   ○

26.

○   ○   ○   ○   ○

27.

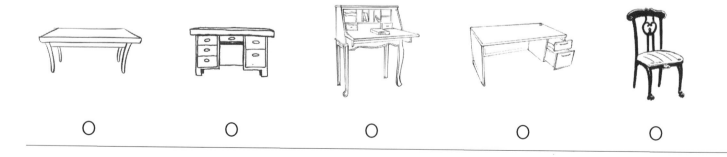

○   ○   ○   ○   ○

Point to the choice that does not belong.

28.

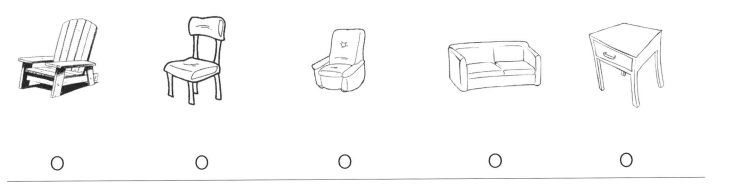

○   ○   ○   ○   ○

29.

○   ○   ○   ○   ○

30.

○   ○   ○   ○   ○

Point to the choice that does not belong.

31.

   O   O   O   O   O

32.

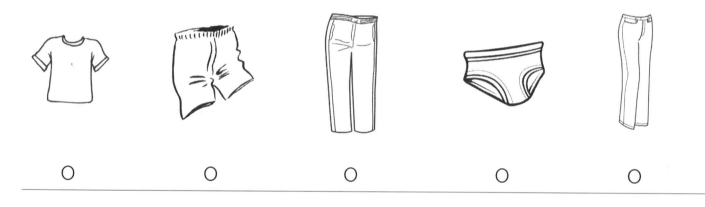

   O   O   O   O   O

33.

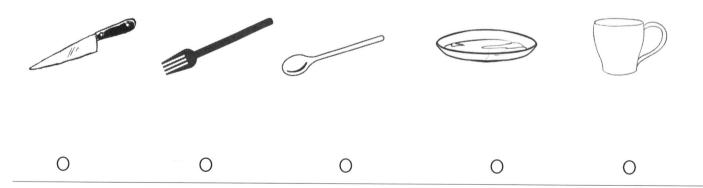

   O   O   O   O   O

Point to the choice that does not belong.

34.

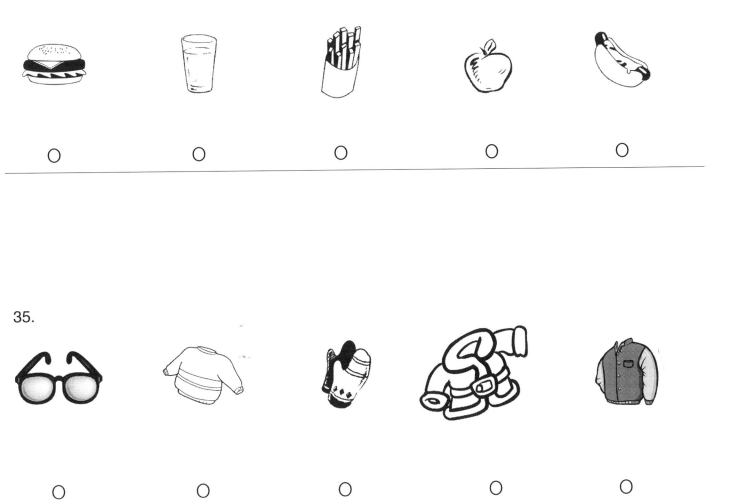

O   O   O   O   O

35.

O   O   O   O   O

36.

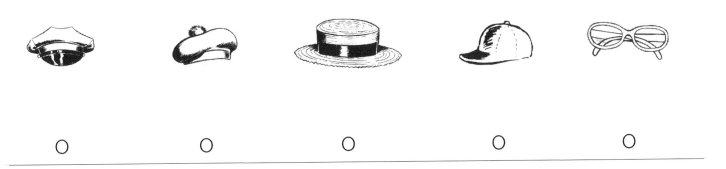

O   O   O   O   O

Point to the choice that does not belong.

37.

○   ○   ○   ○   ○

38.

○   ○   ○   ○   ○

39.

○   ○   ○   ○   ○

Point to the choice that does not belong.

40.

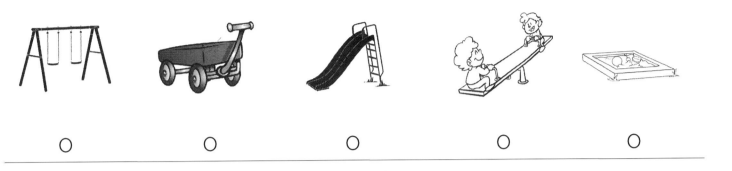

○   ○   ○   ○   ○

41.

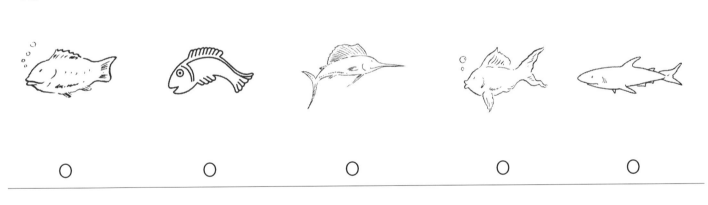

○   ○   ○   ○   ○

42.

○   ○   ○   ○   ○

Point to the choice that does not belong.

43.

○   ○   ○   ○   ○

44.

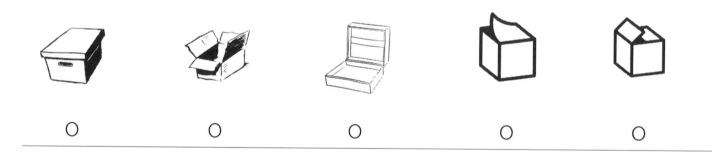

○   ○   ○   ○   ○

45.

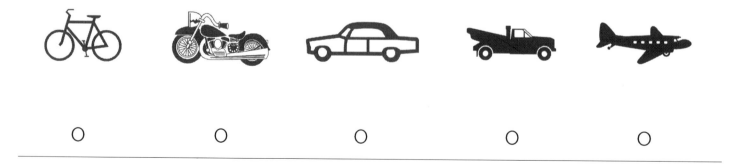

○   ○   ○   ○   ○

Point to the choice that does not belong.

46.

○   ○   ○   ○   ○

47.

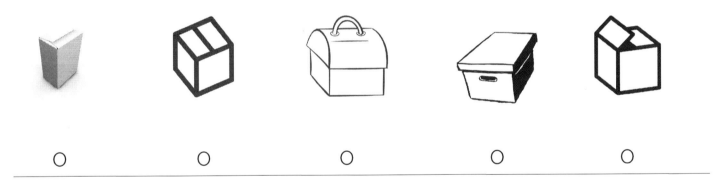

○   ○   ○   ○   ○

48.

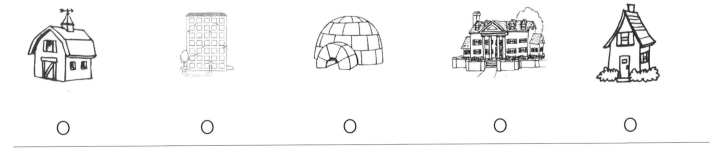

○   ○   ○   ○   ○

Point to the choice that does not belong.

49.

O   O   O   O   O

50.

O   O   O   O   O

51.

O   O   O   O   O

Point to the choice that does not belong.

52.

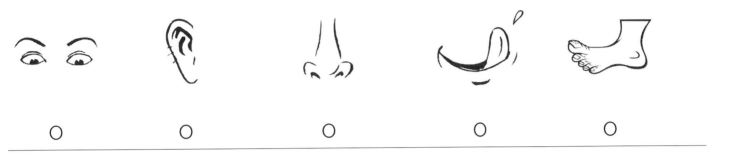

    O   O   O   O   O

53.

    O   O   O   O   O

54.

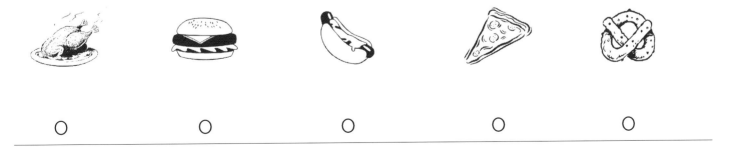

    O   O   O   O   O

Point to the choice that does not belong.

55.

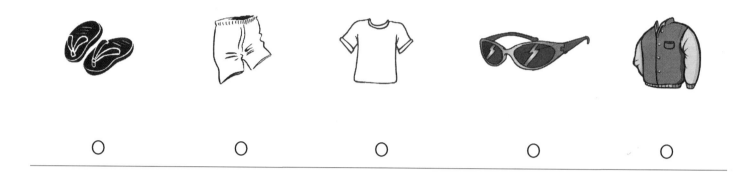

    O   O   O   O   O

56.

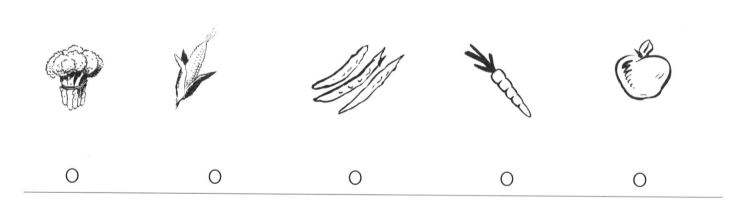

    O   O   O   O   O

57.

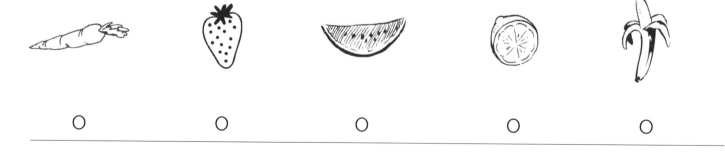

    O   O   O   O   O

Point to the choice that does not belong.

58.

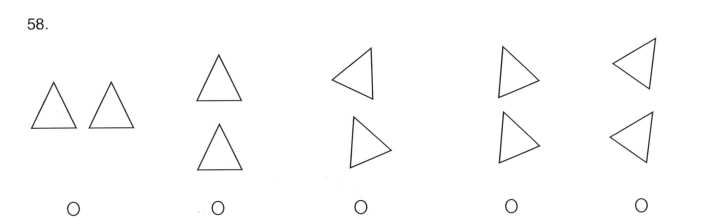

○   ○   ○   ○   ○

59.

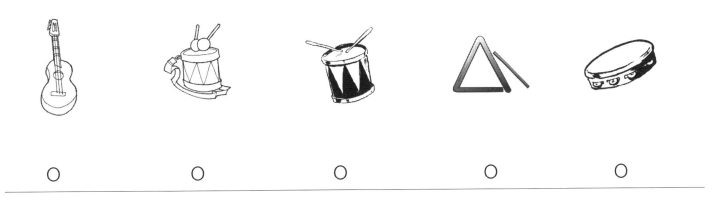

○   ○   ○   ○   ○

60.

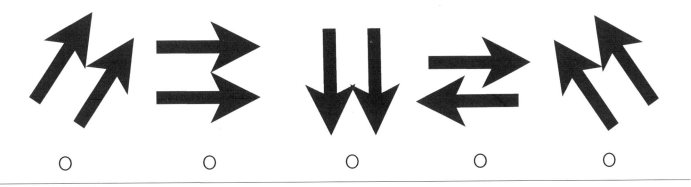

○   ○   ○   ○   ○

Point to the choice that does not belong.

61.

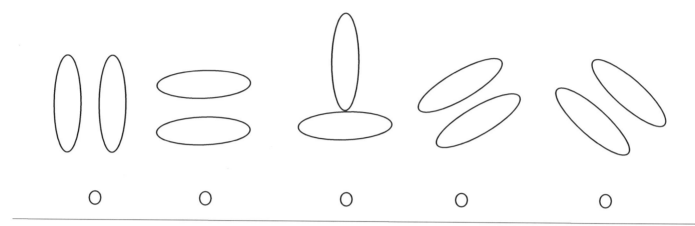

○   ○   ○   ○   ○

62.

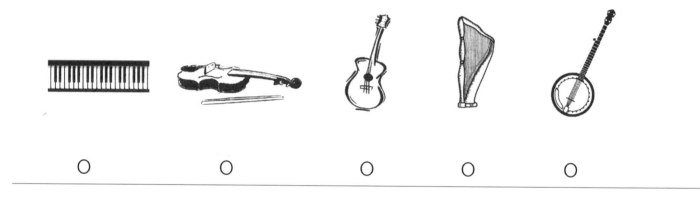

○   ○   ○   ○   ○

63.

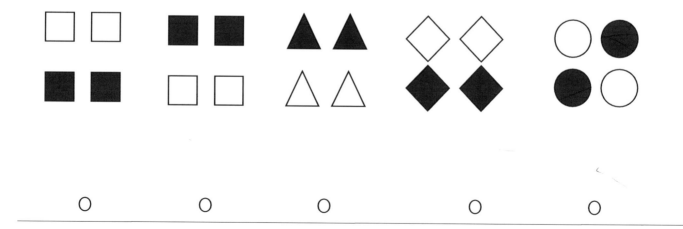

○   ○   ○   ○   ○

Point to the choice that does not belong.

64.

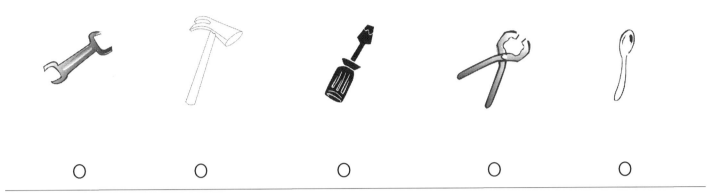

     ○   ○   ○   ○   ○

65.

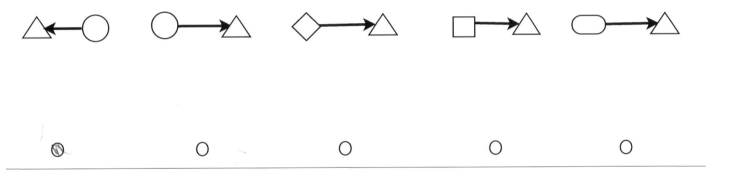

     ○   ○   ○   ○   ○

66.

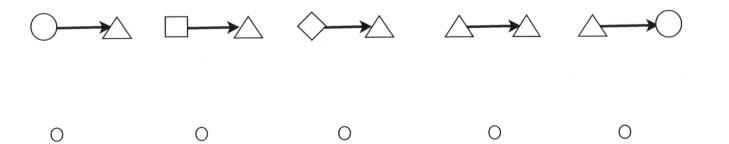

     ○   ○   ○   ○   ○

Point to the choice that does not belong.

67.

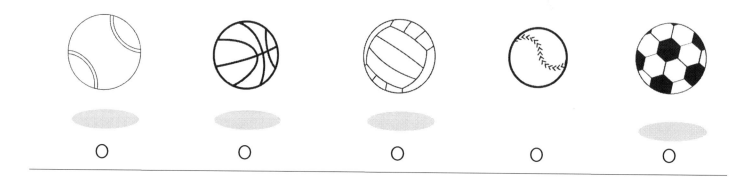

    ○   ○   ○   ○   ○

68.

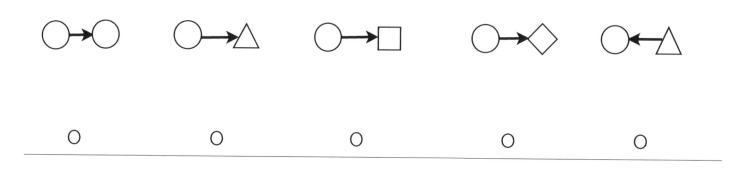

    ○   ○   ○   ○   ○

69.

    ○   ○   ○   ○   ○

Point to the choice that does not belong.

0.

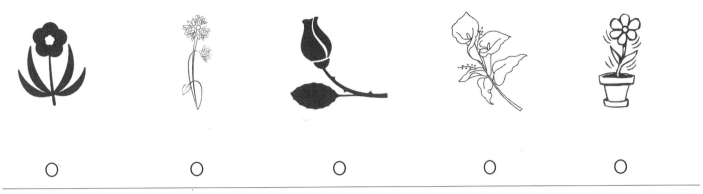

○   ○   ○   ○   ○

1.

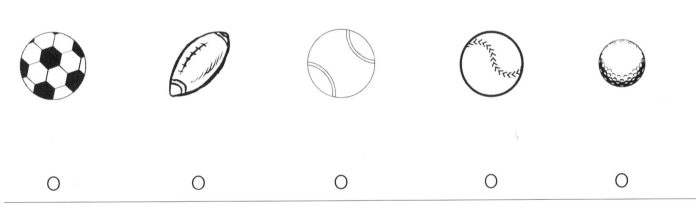

○   ○   ○   ○   ○

2.

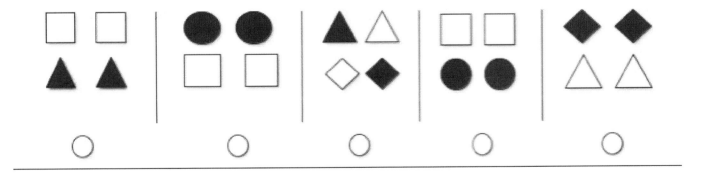

○   ○   ○   ○   ○

Point to the choice that does not belong.

73.

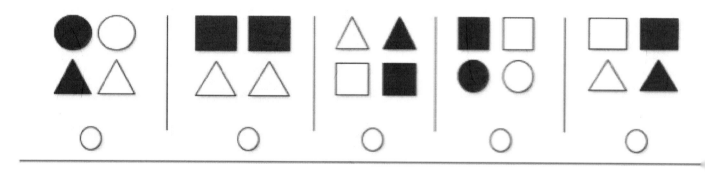

74.

75.

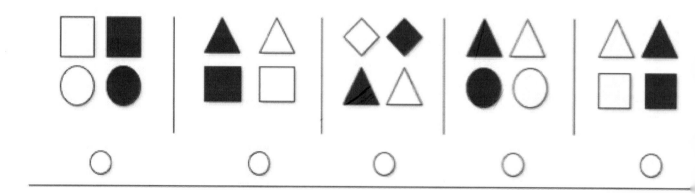

Point to the choice that does not belong.

76.

○   ○   ○   ○   ○

77.

○   ○   ○   ○   ○

78.

○   ○   ○   ○   ○

Point to the choice that does not belong.

79.

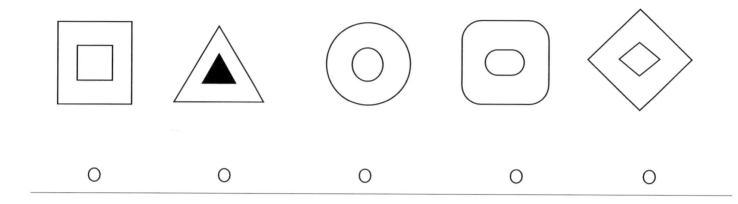

○   ○   ○   ○   ○

80.

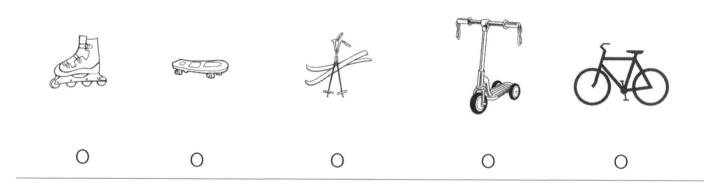

○   ○   ○   ○   ○

81.

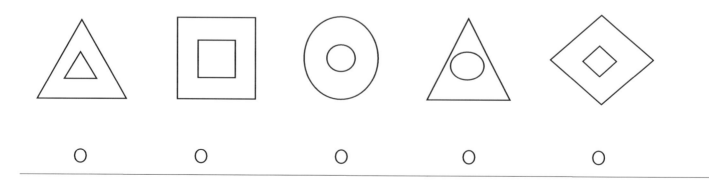

○   ○   ○   ○   ○

Point to the choice that does not belong.

2.

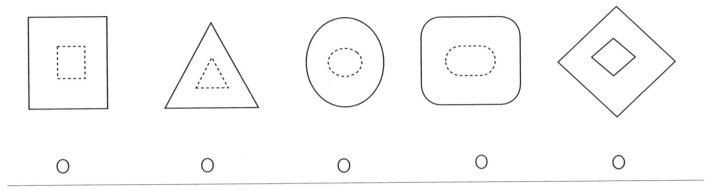

○   ○   ○   ○   ○

3.

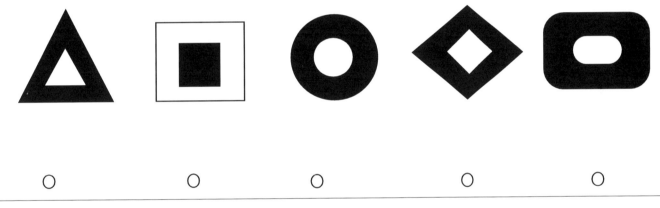

○   ○   ○   ○   ○

4.

○   ○   ○   ○   ○

Point to the choice that does not belong.

85.

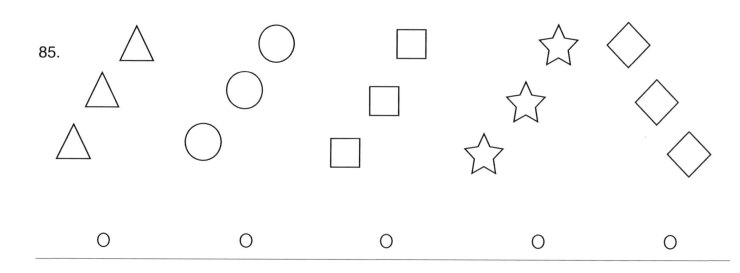

○   ○   ○   ○   ○

86.

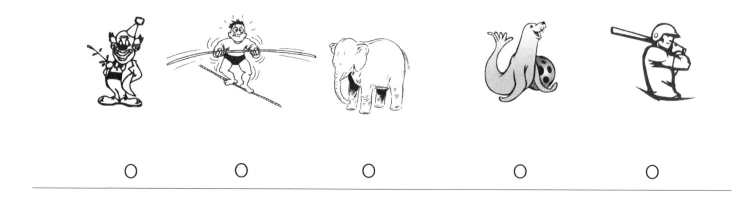

○   ○   ○   ○   ○

87.

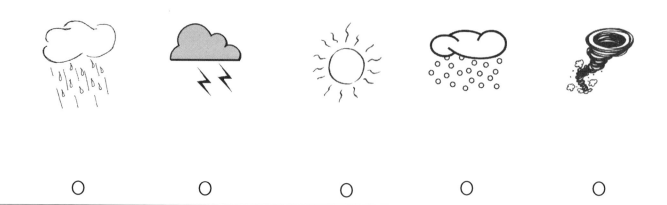

○   ○   ○   ○   ○

Point to the choice that does not belong.

88.

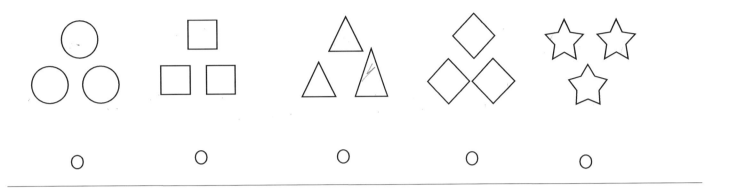

    O   O   O   O   O

89.

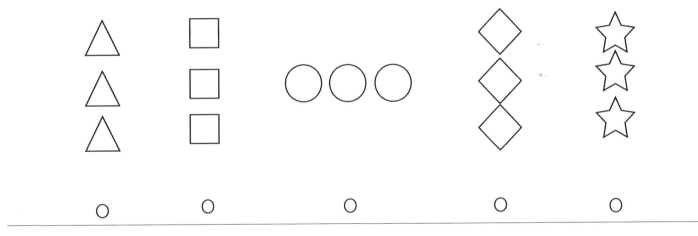

    O   O   O   O   O

90.

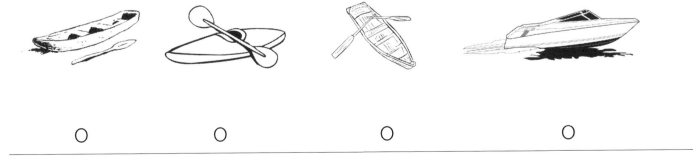

    O   O   O   O

Point to the choice that does not belong.

91.

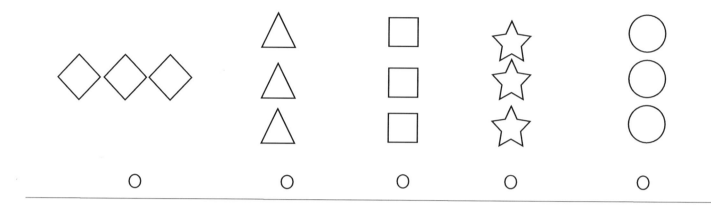

    O   O   O   O   O

92.

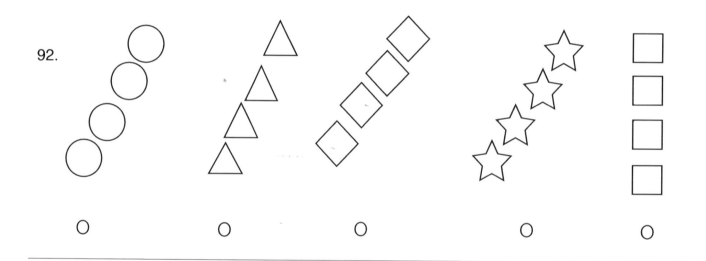

    O   O   O   O   O

93.

    O   O   O   O   O

Point to the choice that does not belong.

94.

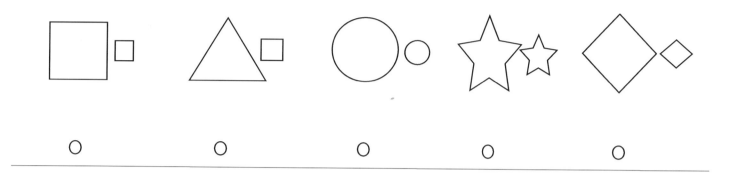

    ○   ○   ○   ○   ○

95.

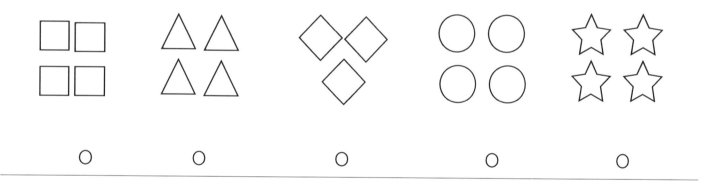

    ○   ○   ○   ○   ○

96.

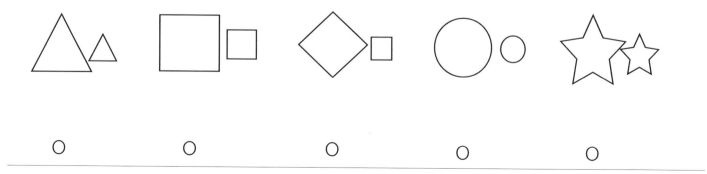

    ○   ○   ○   ○   ○

Point to the choice that does not belong.

97.

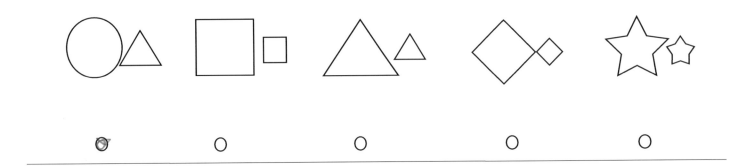

○   ○   ○   ○   ○

98.

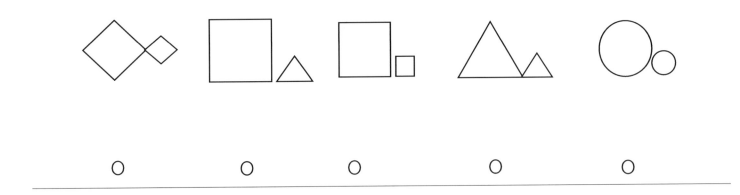

○   ○   ○   ○   ○

99.

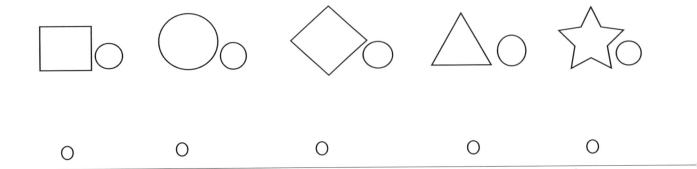

○   ○   ○   ○   ○

Point to the choice that does not belong.

100.

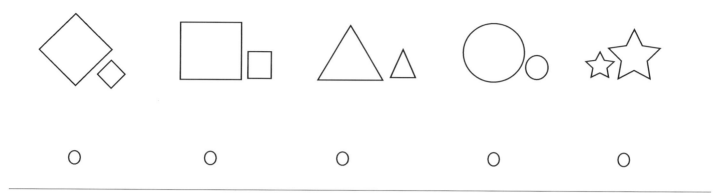

○   ○   ○   ○   ○

101.

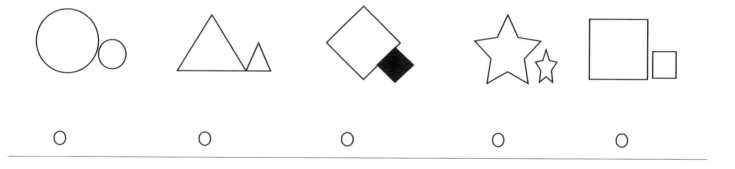

○   ○   ○   ○   ○

102.

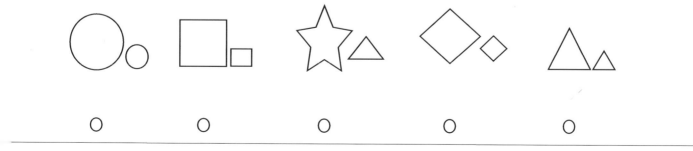

○   ○   ○   ○   ○

Point to the choice that does not belong.

103.

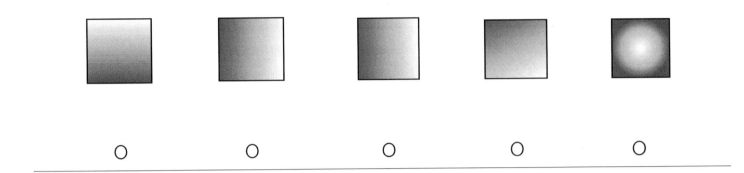

    O   O   O   O   O

104.

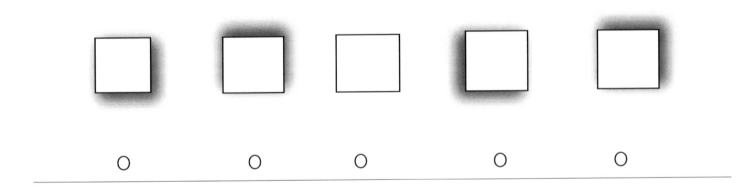

    O   O   O   O   O

105.

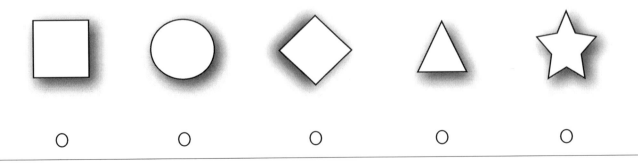

    O   O   O   O   O

Point to the choice that does not belong.

106.

A V G   A R Y   A X F   a P L   A W Z

○   ○   ○   ○   ○

107.

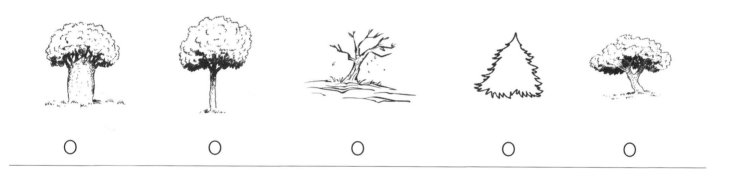

○   ○   ○   ○   ○

108.

○   ○   ○   ○   ○

Point to the choice that does not belong.

109.

○   ○   ○   ○   ○

110.

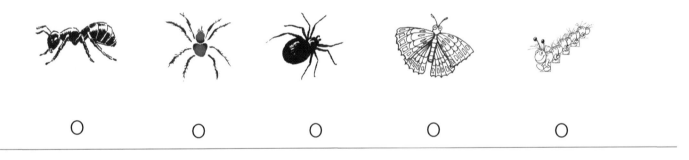

○   ○   ○   ○   ○

111.

○   ○   ○   ○   ○

Point to the choice that does not belong.

112.

○   ○   ○   ○   ○

113.

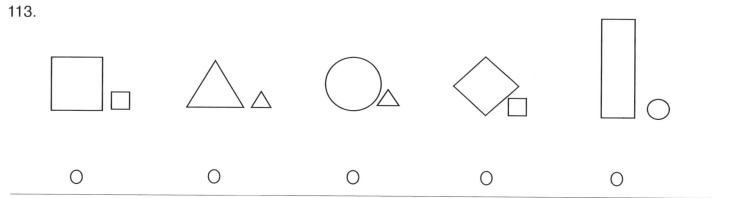

○   ○   ○   ○   ○

114.

○   ○   ○   ○   ○

Point to the choice that does not belong.

115.

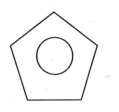 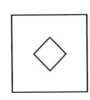  

O   O   O   O   O

116.

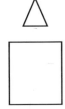 

O   O   O   O   O

117.

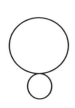 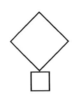 

O   O   O   O   O

Point to the choice that does not belong.

118.

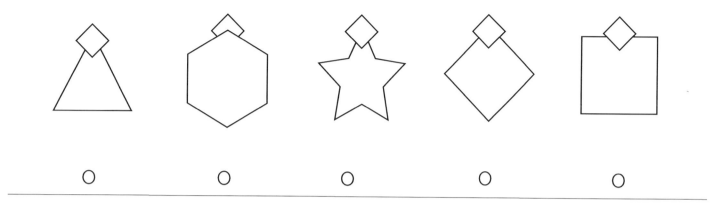

○   ○   ○   ○   ○

119.

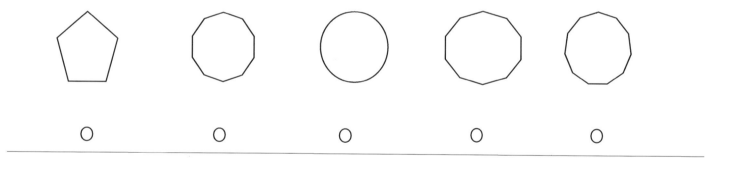

○   ○   ○   ○   ○

120.

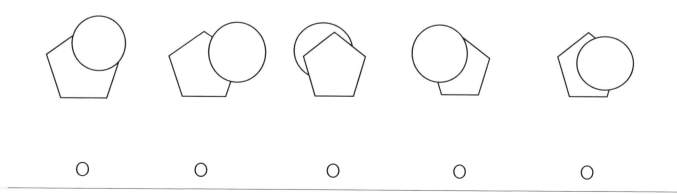

○   ○   ○   ○   ○

121.

122.

123.

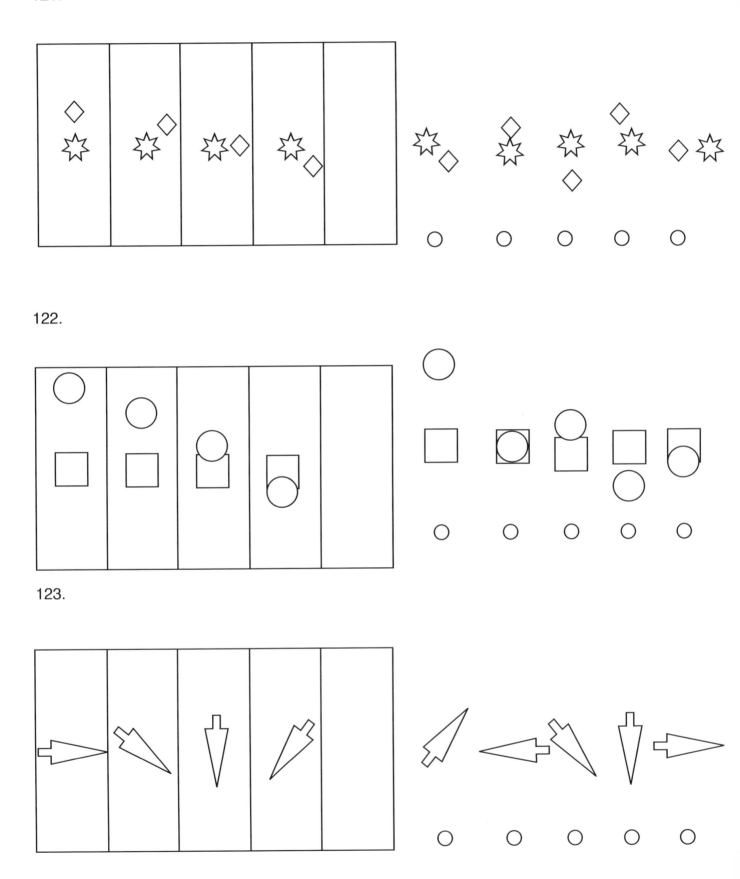

124.

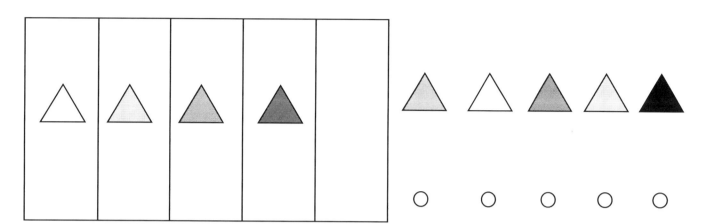

125.

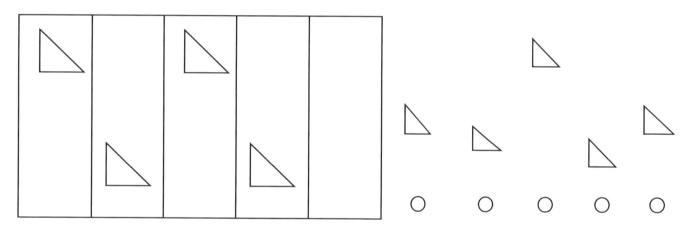

126.

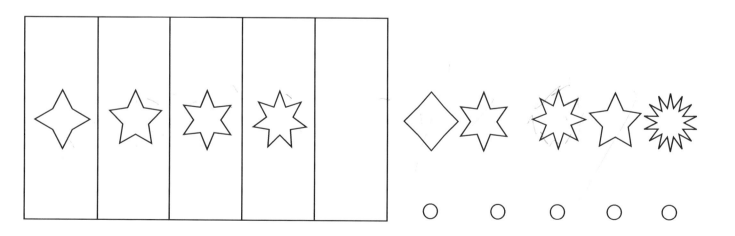

127.

Point to the picture that shows a dog running

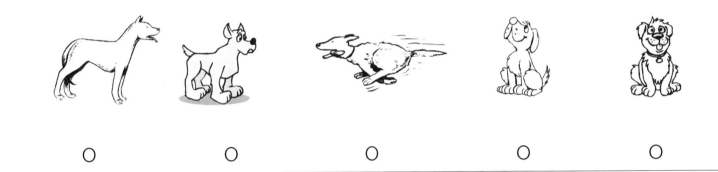

○   ○   ○   ○   ○

128.

Point to the picture that shows a boy sitting

○   ○   ○   ○   ○

129.

Point to the picture that shows a tree in the middle

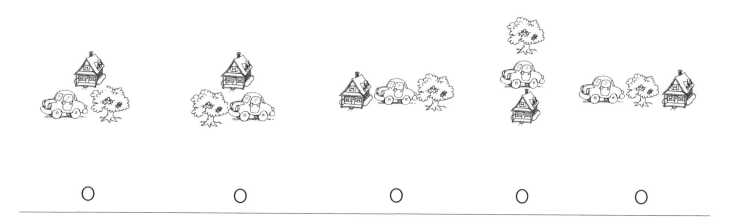

○　　　　　○　　　　　○　　　　　○　　　　　○

130.

Point to the picture that shows a square on top

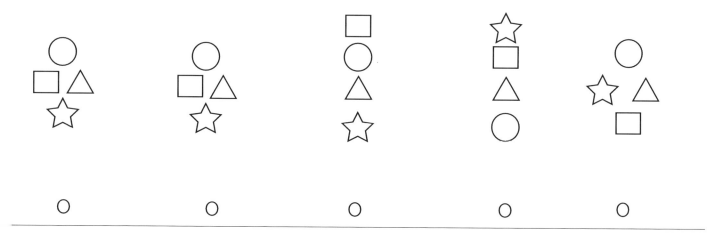

○　　　　　○　　　　　○　　　　　○　　　　　○

131.

Point to the picture that shows a circle on the right

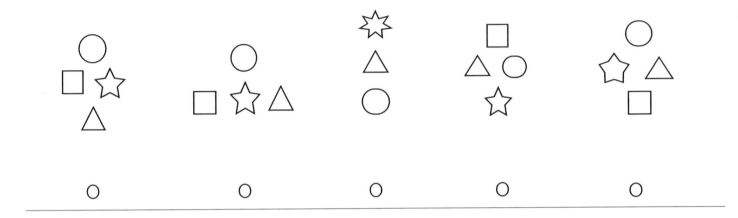

○   ○   ○   ○   ○

132.

Point to the picture that shows a triangle on the bottom

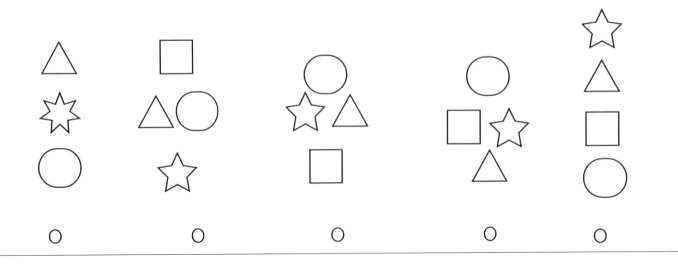

○   ○   ○   ○   ○

133.

Point to the picture that shows a cat under a circle

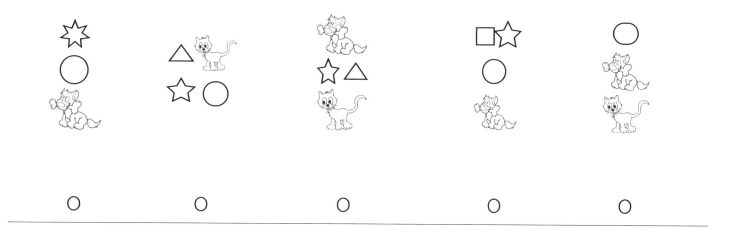

○   ○   ○   ○   ○

134.

Point to the picture that shows a dog on top of a square

○   ○   ○   ○   ○

135.

Point to the picture that shows a square in the beginning and a triangle at the end

O   O   O   O   O

136.

Point to the picture that shows a circle in front of a ball

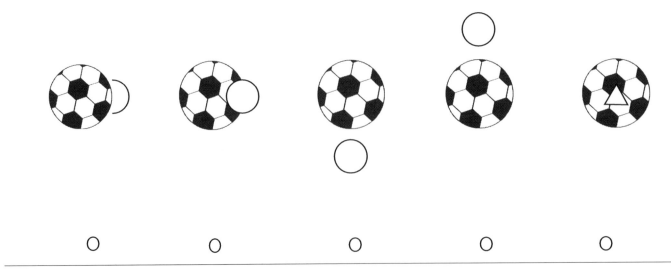

O   O   O   O   O

137.

Point to the tall woman

O   O   O   O   O

138.

Point to the baby drinking a bottle

O   O   O   O   O

139.

Point to the picture that shows a bunny next to a pig

    O   O   O   O   O

140.

Point to the picture that shows a boy under the house

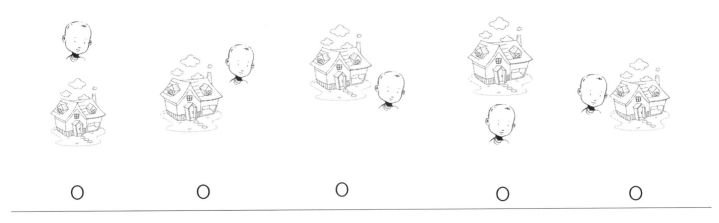

    O   O   O   O   O

141.

Point to the number below the diamond

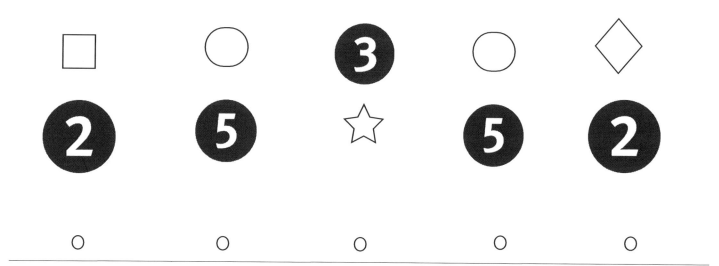

142.

Point to the letter inside the circle

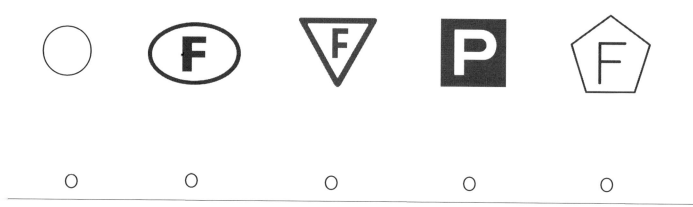

143.

Point to the letter between the 2 numbers

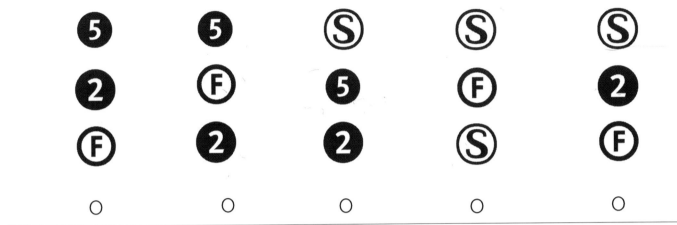

144.

Point to the choice with a letter between 2 letters

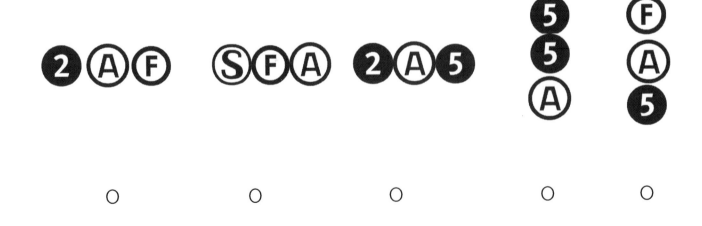

145.

Point to the choice with the number in the corner

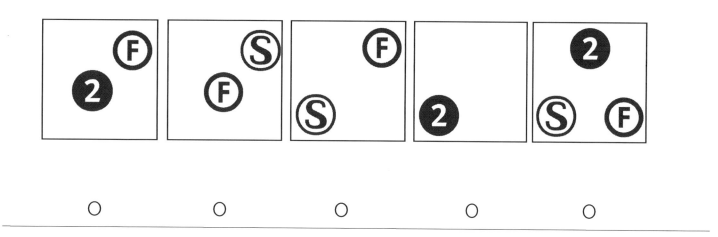

○   ○   ○   ○   ○

146.

Point to the tallest number

○   ○   ○   ○   ○

147.

Point to the biggest letter

○   ○   ○   ○   ○

148.

Point to the picture that shows a sleeping person

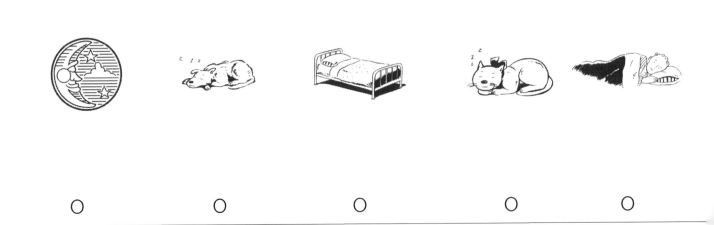

○   ○   ○   ○   ○

149.

Joe drew some shapes. He drew a square first, a triangle second, and then a star third. Point to the picture that shows the last picture Joe drew.

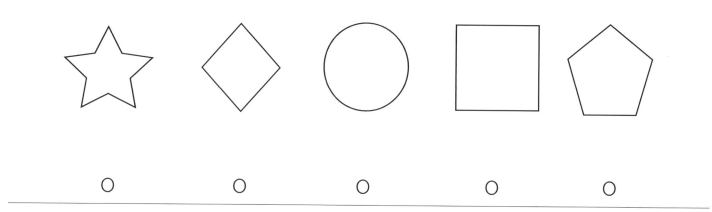

○   ○   ○   ○   ○

150.

Mary ate four things, an apple first, a hamburger second, a hot dog third, and then some cake fourth. What was the first thing she ate?

○   ○   ○   ○   ○

151.

Point to the picture that shows something you wear on your feet

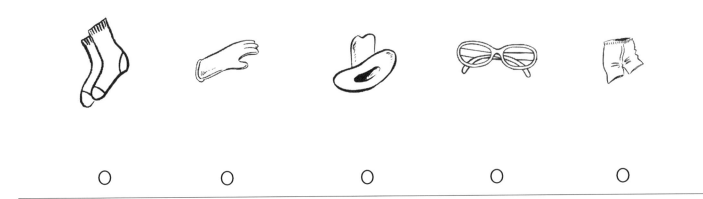

   O   O   O   O   O

152.

Point to the picture that shows something you throw

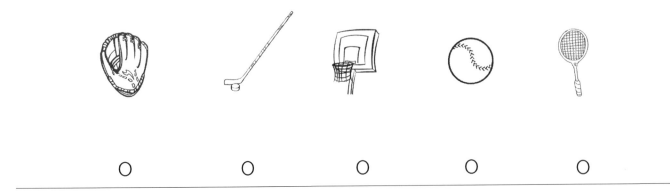

   O   O   O   O   O

153.

Point to the picture that shows an animal with spots

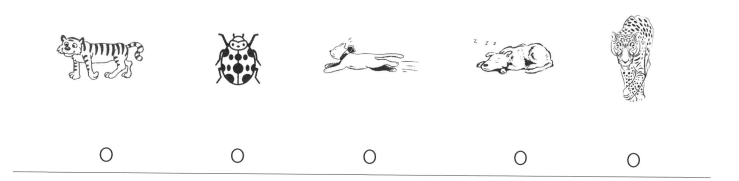

    ○   ○   ○   ○   ○

154.

Point to the picture that shows you draw with

    ○   ○   ○   ○   ○

155.

Point to the picture that shows an animal that can fly

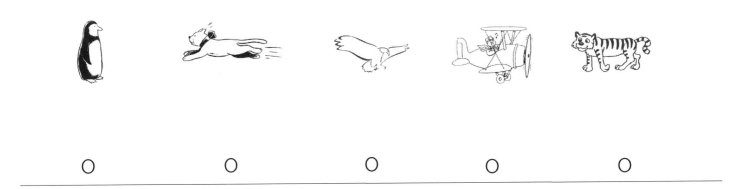

○   ○   ○   ○   ○

156.

Point to the picture that shows a bug that can fly

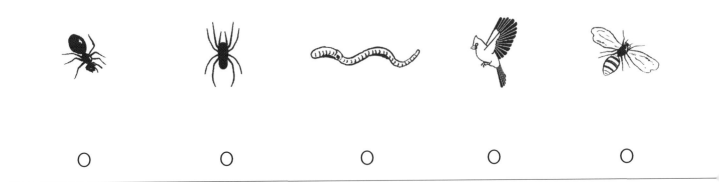

○   ○   ○   ○   ○

157.

Point to the picture the black dog on the bottom

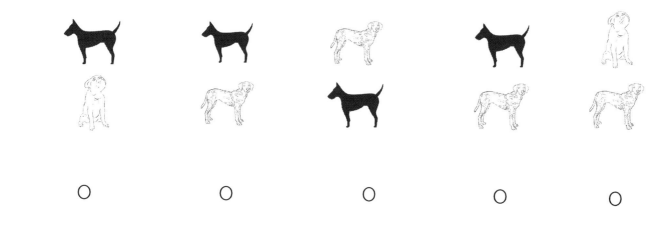

○   ○   ○   ○   ○

158.

Point to the picture that shows the bug with the most legs

○   ○   ○   ○   ○

159.

Point to the picture of the hungry dog between the two angry dogs

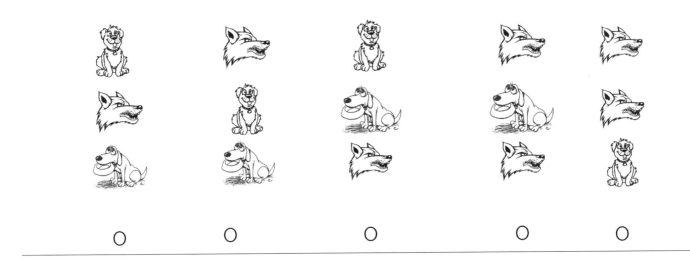

○   ○   ○   ○   ○

160.

Point to the box that has neither a dog nor a cat in the box

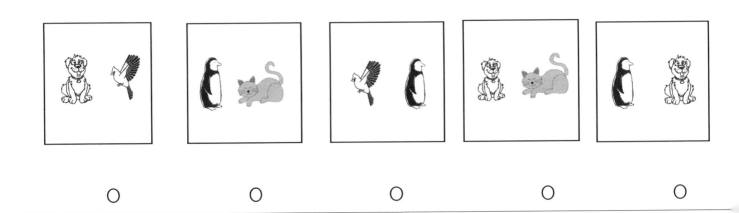

○   ○   ○   ○   ○

161.

Point to the picture of how we should dress in the winter

○   ○   ○   ○   ○

162.

Point to the box that does not have a ball

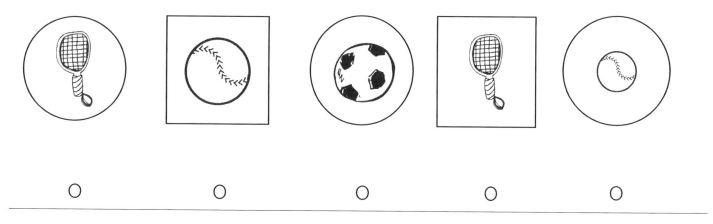

○   ○   ○   ○   ○

1.A	51.B	101.C	151.A
2.E	52.E	102.C	152.D
3.A	53.E	103.E	153.E
4.E	54.A	104.C	154.B
5.D	55.E	105.C	155.C
6.C	56.E	106.D	156.E
7.E	57.A	107.C	157.C
8.C	58.C	108.E	158.B
9.E	59.A	109.D	159.D
10.D	60.D	110.D	160.C
11.B	61.C	111.E	161.E
12.E	62.A	112.E	162.D
13.D	63.E	113.B	
14.A	64.E	114.C	
15.A	65.A	115.E	
16.C	66.E	116.B	
17.D	67.D	117.A	
18.A	68.E	118.B	
19.D	69.A	119.C	
20.A	70.E	120.C	
21.B	71.B	121.C	
22.A	72.C	122.D	
23.B	73.C	123.B	
24.D	74.B	124.E	
25.E	75.C	125.C	
26.D	76.A	126.C	
27.E	77.E	127.C	
28.E	78.E	128.B	
29.A	79.B	129.E	
30.E	80.C	130.C	
31.B	81.D	131.D	
32.A	82.E	132.D	
33.E	83.B	133.E	
34.B	84.D	134.C	
35.A	85.E	135.C	
36.E	86.E	136.B	
37.E	87.C	137.B	
38.A	88.E	138.D	
39.A	89.C	139.E	
40.D	90.D	140.D	
41.C	91.A	141.E	
42.A	92.E	142.B	
43.E	93.D	143.B	
44.A	94.B	144.B	
45.E	95.C	145.D	
46.B	96.C	146.A	
47.E	97.A	147.D	
48.A	98.B	148.E	
49.C	99.B	149.A	
50.E	10.E	150.D	

27587722R00035

Made in the USA
Lexington, KY
14 November 2013